托幼一体化（0—6岁）艺术类教材

中国学前教育研究会教师发展专业委员会
婴幼儿照护服务研修基地 研究项目

手工创意（二）

王海东　徐健　主编

托幼一体化（0—6岁）艺术类教材

中国学前教育研究会教师发展专业委员会
婴幼儿照护服务研修基地 研究项目

上海教育出版社
SHANGHAI EDUCATIONAL
PUBLISHING HOUSE

内 容 提 要

　　本套教材根据早教、学前教育专业的教学特点，将内容划分为上下两册。《手工创意(一)》包括纸艺、布艺、彩泥创意造型，这是手工课中最基础也是内容相对较多的部分；《手工创意(二)》包括线绳、环保手工和废旧物品以及自然材料创意造型，其中线绳是中国传统文化的一部分，有些难度，其余内容主要是在技法和材料上的拓展、实践和延伸。本套教材每个章节分别从工具材料介绍，由简到繁地讲述制作步骤，再延伸到在幼儿园课堂中的实践应用。概述、特征、工具材料及制作方法作为基础理论部分；制作实践部分内容丰富，强调中国传统文化艺术，加强爱国主义教育。补充具有时代感的新型材料的运用，鼓励推陈出新；添加了手工在幼儿园课堂中的应用，贴合学前教育岗位要求。选编作品题材、体裁、形式、风格各异，对拓宽学生的手工知识面、促进学生艺术修养的全面提升起到了积极的作用。

　　总之，本套教材内容系统而丰富，基本涵盖了学前教育手工课的所有内容。可供普通高等院校、幼儿师范院校学前教育专业、职业教育院校使用，也可作为广大手工爱好者的补充学习教材。

丛书编委会

主　任　郭亦勤　马　梅　缪宏才

副主任　贺永琴　蒋振声　袁　彬

编　委（按姓氏笔画排列）

于　喜　王玉舒　王爱军　王海东　方　玥　叶平枝

任　杰　刘　国　刘金华　苏睿先　李春玉　李鹏桦

张　静　张凤敏　张立华　张会艳　张克顺　张明红

张怡辰　陈恩清　陈穗清　周　蓓　郑健成　赵凤鸣

徐　健　黄国荣　康松玲　董　放　蒋高烈　韩映红

本书编委会

主　编　王海东　徐　健

副主编　于　腾　王彤阳　包春雨　宋　松　张克顺　蔡乔乔

编　委（按姓氏笔画排列）

于　腾　王玉舒　王仪菲　王彤阳　王海东　包春雨

毕　冉　朱菊梅　刘　露　杨幼梅　李天峰　李运贤

宋　松　张克顺　欧阳娉婷　周小璇　孟冉冉　徐　健

寇灵慧　彭　艺　蔡乔乔

总　序

我国"三孩"政策和相应配套与支持措施的实施,必然带来新生人口的增长。在我国学前教育已经取得显著成果之时,人们对0—3岁婴幼儿早期教育的需求与期待明显增强。

中国学前教育研究会教师发展专业委员会针对我国托育事业发展状况与趋势,充分认识到国家、社会、家庭对婴幼儿照护的重视与需求必然推进托育事业的大发展,而婴幼儿照护专业人才的培养、培训,建立一支有素质、专业化的早期教育师资队伍就势必成为关键问题。针对我国高专、高职院校2009年开始设置早期教育(0—3岁)专业,并在2010年产生第一个早期教育专业点,随之一些高专、高职院校根据社会需求,迅速开办并推进早期教育专业点建设的情况,教师发展专委会于2015年、2016年先后召开了早期教育专业建设研讨会、早期教育课程与教材建设推进会,积极组织全国有关专家学者,与已经开设和准备开设早期教育专业的高专、高职院校相关负责人共同深入研究并制定了早期教育(0—3岁)人才培养方案,组织华东师范大学、北京师范大学、广州大学、天津师范大学、哈尔滨幼儿师范高等专科学校、福建幼儿师范高等专科学校、贵阳幼儿师范高等专科学校等院校和国家卫生健康委员会(原国家卫计委)有关部门的专业人士及学者,组成了早期教育专业课程与教材建设专家委员会,建立了由部分幼高专和卫生、保健、营养等专业人员组成的早期教育专业教材编写委员会领导小组。2017年开始组织专家、学者、专业人士围绕早期教育(0—3岁)专业核心课程进行研究,并编写了系列教材,目前已经由上海科技教育出版社出版发行十余本。

2019年以来,国家加大了对托育事业与婴幼儿照护专业队伍建设的指导与规范。2019年5月《国务院办公厅关于促进3岁以下婴幼儿照护服务发展的指导意见》(国办发〔2019〕15号)颁发。紧接着在2019年5月10日,国务院以"促进3岁以下婴幼儿照护服务发展"为主题,召开了政策例行吹风会。教育部办公厅等七部门在《关于教育支持社会服务产业发展提高紧缺人才培养培训质量的意见》中提出,每个省份至少有1所本科高校开设托育服务相关专业。2020年5月,国家卫健委出台《婴幼儿辅食添加营养指南》;10月,中国疾病预防控制中心就婴幼儿喂养有关问题作讲解;同月,教育部回应政协委员关于早期教育和托育人才培养如何破局,提出在中职增设幼儿保育专业、幼儿发展与健康管理专业,指出将继续推动有条件的院校设置早教专业,扩大人才培养规模,推进"1+X"证书制度试点。国务院办公厅2020年12月印发《关于促进养老托育服务健康发展的意见》。国家卫健委在2020年10月12日公开向社会征求《托育机构保育指导大纲(试行)》意见的基础上,于2021年1月12日印发了《托育机构保育指导大纲(试行)》(国卫人口发〔2021〕2号)。各省市也纷纷出台了落实《国务院办公厅关于促进3岁以下婴幼儿照护服务发展的指导意见》的实施细则或办法。这些政策与措施极大地推进了我国托育事业和早期教育师资队伍建设。据2019年统计,全国高专、高职早期教育专业点有100多个,学前教育专业点约700个,幼儿发展与健康管理专业点约250个。

针对全国院校早期教育专业迫切需要进一步加强专业课程与教材建设的呼声,中国学前教育研究会教师发展专委会在早期教育专业启动编写第一批核心课程系列教材并已陆续出版发行的基础上,于2019年组织已经开设早期教育类专业的高等院校教师、研究人员,联合国家卫健委系统的卫生、营养、保健、护理、艺术等专业人士,共同启动了早期教育专业第二批实践、操作类和艺术类教材的编写,由上海教育出版社出版发行。

此次出版的系列教材提供给已经或即将开办早期教育专业的高专、高职院校师生使用,也适合托育机构教师、早教领域、社区早教管理和工作人员使用,早教类相关专业(如保育、营养与保健、健康管理等)也可以参考和选择使用,同时也为高校本科、中职与早教相关专业提供参考。由于全国早期教育专业建设与发展存在不平衡,师资队伍力量不均衡,建议根据本院校、本地区实际情况,在早期教育专业人才培养方案的指导下,合理选择确定必修课、必选课、任选课的课程与教材。

从全国来讲,早期教育类专业起步至今仅十余年时间,无论是理论还是实践上,与一些成熟专业相比都存在较大差距。虽然我们从教师发展专委会角度力求整合全国最强的力量,给院校早期教育专业建设与发展提供更科学与实用的教材,但是由于教材的一些编者研究深度不够,实践经验不足,能力和水平有限,一些教材不可避免地在某些方面存在问题,请读者批评指正。非常期望在我们推出这两批早期教育专业系列教材的基础上,能有更高水平的专业教材不断产生。

这批教材的主编由高等院校骨干教师和部分省市的骨干医生承担,编者多来自开办或准备开办早期教育专业的高等院校。在此对他们付出的辛勤劳动与贡献表示衷心感谢! 对提供各种支持与帮助的领导、老师、朋友们致以诚挚的谢意!

中国学前教育研究会教师发展专业委员会

叶平枝

2021 年 5 月于广州大学

前　言

随着我国学前教育的改革与发展,学前教育专业人才需求也逐步专业化、特色化、多样化,幼儿园对师资的要求不断提高。

著名教育家蒙台梭利提出:"在孩子的幼年时期(0—6岁),陪孩子玩和做手工是两件最重要的事情。"著名教育家苏霍姆林斯基说过:"幼儿的创造力都是在他的手指尖上。"在做手工的过程中,能够锻炼学前儿童的手部肌肉和关节,通过用眼睛观察,动脑筋思考,促进其智力发展,对其审美情趣、心理素质的培养有很大的益处。对学前教育专业学生来说,手工创作是必修的技能课程之一,也是幼儿教师教育的基础课程,本教程以教育部颁发的《幼儿园教育指导纲要(试行)》为依据,强调手工基础知识技能的掌握,注重实践与设计的培养,突出学以致用,培养幼儿教师的技能特点。

本教材立足普通高等学校学前教育专业和幼儿师范学校的教学需要,结合幼儿园教育教学的实际,从手工制作材料、造型、制作方法、步骤,以及幼儿园实际教育教学活动中的应用出发,配以大量的图片,分章节、分步骤地进行详解,并提供了相应的优秀作品,便于拓展思路。全书共分上、下两册,共六章。分别介绍了纸、布、绳、泥、环保、废旧物造型、自然材料造型等手工创意制作内容。每章又分多个小节,按照不同材料、不同造型的角度举例说明。本教程在内容结构上突出基础性,尽可能地收编与幼儿教师教育教学相关的手工种类,各种材料的运用、制作,一方面为学习者提供操作实例图片,另一方面兼顾区域性、实用性、经济性的特点,促进和提高学习者的专业素养以及实际操作能力,发展举一反三的创造能力。本教程内容丰富,贴近幼儿园教育教学实际,涉及知识面较广,并有机地与我国传统文化、民间技能相结合,制作技能方法简单、易学,确保学习者在掌握手工基本知识的基础上,灵活运用手工制作技能。

教材具体分工如下:《手工创意(一)》第一章由徐健、于腾、李天峰、王玉舒、王仪菲、宋松(德州高级师范学校)、杨幼梅、彭艺、寇灵慧(福建幼儿师范高等专科学校)、毕冉(德州市陵城区教师进修学校)编写;第二章由欧阳娉婷、包春雨(琼台师范学院)、王海东(华东师范大学)编写;第三章由周小璇、蔡乔乔(温州市中等幼儿师范学校)编写。《手工创意(二)》第一章由王彤阳、刘露、朱菊梅(宁夏回族自治区人民政府机关幼儿园)编写;第二章由包春雨、欧阳娉婷(琼台师范学院),张克顺、李运贤、孟冉冉(聊城幼儿师范学校)编写;第三章由徐健、于腾(德州高级师范学校)编写。

由于水平有限,本教程难免有疏漏和不当之处,敬请读者批评指正。

编　者
2021 年 6 月

目　　录

第一章 线绳艺术

线绳艺术是利用线绳材料制作的艺术作品。本章主要向大家介绍常用单节、中国结、吉祥结、二回盘长结、四回盘长结的制作方法及线绳艺术在幼儿园的应用,让线绳艺术在幼儿园的教学中发挥更大的价值,丰富幼儿美术实践活动。

第一节 常用单结

教学目标:对生活中常见的单结感兴趣,了解单结的概念和基本类型。能区分双重单结和多重单结。掌握双重单结、多重单结、固定单结的打结方法。

教学重点:能区分双重单结和多重单结。

教学难点:掌握双重单结、多重单结、固定单结的打结方法。

一、单结的概念

单结是最简单的绳结,是所有绳结的基本结,它在日常生活中被广泛使用。单结就是在绳子上打一个结,只要稍微加点技巧,就会产生种种变化。在幼儿园的活动中,我们通常用打结的方法来捆扎和装饰物品、包装礼物等。

二、单结的类型

双重单结:将绳子对折后打一个单结即可。

多重单结:增加缠绕次数(2—4次),打成较大的结形。

固定单结:将两条绳子的末端重叠,然后打一个单结。

三、单结的打结方法[①]

(一)单结

1.将绳端与绳子相交,穿过绳环。

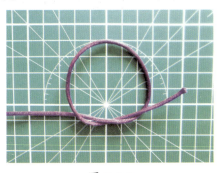

图 1-1-1

---

① 本组图片由王彤阳提供。

2. 打成一个结。

3. 拉紧，完成。

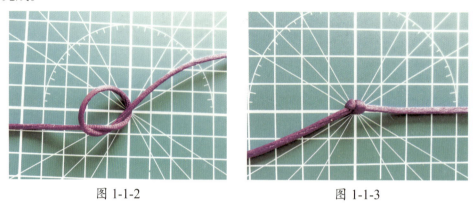

图 1-1-2   图 1-1-3

（二）双重单结

1. 将绳子对折。

2. 拉紧，完成。

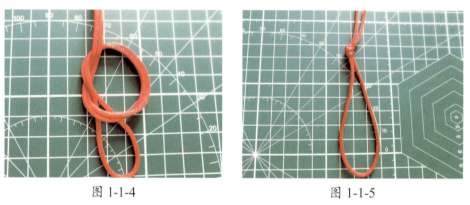

图 1-1-4   图 1-1-5

（三）多重单结

1. 打成多个结。

2. 不断缠绕。

3. 增加缠绕的次数，结形就会变大。

图 1-1-6   图 1-1-7   图 1-1-8

（四）固定单结

1. 将绳子对折，打结。

2. 拉紧，完成。

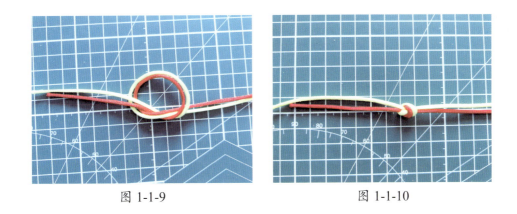

图 1-1-9　　　　　　　　　　　　　　图 1-1-10

四、绳结类游戏在幼儿园美工活动中的意义

绳结类游戏可以帮助幼儿了解绳结的种类,让幼儿在学习线绳打结方法的过程中,开展将线绳变成各种不同造型的游戏活动。在此过程中,幼儿对线绳打结的方法进行想象及创造,这是一种思考的过程,也是由抽象思维到具象感知的过程,这不仅可以促进幼儿左右脑的协调发展,而且可以培养幼儿的想象力和创造力,也能促进幼儿自信心的发展。

在日常的教育教学活动中,我们可以通过多种形式开展绳结类游戏,如捆扎和装饰物品、包装礼物、编织中国结等,培养幼儿的动手操作能力,从而帮助幼儿学会更多的打结方法,同时让幼儿感受到中国民间艺术的魅力。

五、思考与练习

常用单结在生活中都有哪些应用?

第二节　中　国　结

教学目标:了解中国结的概念、起源、文化内涵、发展历程。知道并能区分常见的几种不同类型的中国结。掌握蛇结、双扣结、十字结、三环结、蝴蝶结、平结、琵琶结的打结方法。

教学重点:知道并能区分常见的几种不同类型的中国结。

教学难点:掌握蛇结、双扣结、十字结、三环结、蝴蝶结、平结、琵琶结的打结方法。

一、概念

中国结是一种中国特有的手工编织工艺品,代表着团结、幸福、平安,深受大众喜爱,它所彰显的精致与智慧正是中华古老文明的一个侧面。因为其外观对称精致,符合中国传统装饰的习俗和审美观念,故得名中国结。它是由旧石器时代的缝衣打结,发展至汉朝的仪礼记事,再演变成今日的装饰手艺。

周代人随身的佩玉常以中国结为装饰,而战国时代的铜器上也有中国结的图案,延续至清代中国结才真正成为盛传于民间的艺术,如今中国结多用来装饰室内空间、馈赠亲友及个人的随身饰物。

中国结有双钱结、纽扣结、琵琶结、团锦结、十字结、吉祥结、万字结、盘长结、藻井结、双联结、锦囊结等多种结式。

二、起源

中国结是人类世代繁衍的隐喻，也是数学奥秘的游戏呈现。它有着复杂曼妙的曲线，却可以还原成最单纯的二维线条。中国结始于先民的结绳记事。

三、结绳记事

据《周易·系辞》载："上古结绳而治，后世圣人易之以书目契。"东汉郑玄在《周易注》中道："结绳为记，事大，大结其绳，事小，小结其绳。"可见，"结"还有记载历史事件的作用。斗转星移，数千年弹指一挥间，人类的记事方式已经历了绳结与甲骨、笔与纸、铅与火、光与电的洗礼。如今，在电脑的方寸之间，轻触键盘，上下五千年的历史就可以尽在眼前。小小彩绳早已不是人们记事的工具，但当它被打成各式绳结时，却复活了一个个古老而美丽的传说。

四、文化内涵

中国结的历史贯穿人类史始终，漫长的文化积淀使得中国结渗透着中华民族特有的、纯粹的文化精髓，富含丰富的文化底蕴。"绳"与"神"谐音，先民曾经崇拜过绳子。"女娲引绳在泥中，举以为人。"又因绳像蟠曲的蛇、龙，史前，龙的形象是用绳结的变化来体现的。"结"字也表示力量、和谐，无论是结合、结交、结缘、团结、结果，还是结发夫妻、永结同心，"结"都给人以团圆、亲密、温馨的美感。"结"与"吉"谐音，"吉"有着丰富多彩的内容，福、禄、寿、喜、财、安、康，无一不属于"吉"的范畴。"吉"就是人类永恒的追求主题，绳结这种具有生命力的民间技艺也就自然作为中国传统文化的精髓，兴盛长远，流传至今。

五、发展历程

中国结不仅造型优美、色彩多样，而且寓意"吉庆有余""福寿双全""双喜临门""吉祥如意""一路顺风"，是赞颂以及传达衷心至诚的祈求和心愿的佳作。

中国结是用一根丝线编结而成的，每一个基本结又根据其形、意命名。把不同的结饰互相结合在一起，或用其他具有吉祥图案的饰物搭配组合，就形成了造型独特、绚丽多彩、寓意深刻、内涵丰富的中国传统吉祥饰物。中国结的制作材料是红线，线的种类有很多，包括丝、棉、麻、尼龙、混纺等。线的硬度要适中，如果太硬，不但在编结时操作不便，而且不易把握结形；如果太软，编出的结形轮廓不明显，结与器物能合而为一，在摇曳中具有动态的韵律美。选线也要注意色彩，为古玉一类的古雅物件编装饰结，宜选择色调较为含蓄的线，如咖啡色或墨绿色。各色各类的线能够编出许多形态与韵致各异的结。

（一）远古时代：初具雏形

早在旧石器时代末期，周口店山顶洞人文化的遗迹中便发现了"骨针"。既然有针，那时便也一定有绳线，故由此推断，当时简单的结绳和缝纫技术应已具雏形。

（二）近代：结绳艺术

到了清代，绳结发展至非常高的水准，式样多，名称也巧。在曹雪芹著《红楼梦》第三十五回"白玉钏亲尝莲叶羹，黄金莺巧结梅花络"中，有一段描述宝玉与莺儿商谈编结络子（络子就是绳结的应用之一）的对白，就说明了当时绳结的用途，饰物与结子颜色的调配，以及绳结的式样名称等。轿子、窗帘、帐钩、扇坠、笛箫、香袋、发簪、坠子、眼镜袋、烟袋以及书画挂轴下方的风镇等日用品上，都编有美观的绳结。

（三）现代：结艺

民国时期，由于西方观念和科学技术大量输入，中国原有的社会形态和生活方式产生了重大的改变，再加上对于许多固有的物质文化遗产并未善加保存和传扬，以致许多实用价值不高，而制作费时费事的传统技艺便日渐式微。中国传统的编结技艺就是一个最好的例子。编结艺术式微的另一个原因是它所采用的材料,不管是用动物纤维还是用植物搓成的绳线,都受到先天条件的限制,终究经不起经年累月的侵蚀,而无法长久流传于后世,21世纪所能找到的附属于器物上的绳结,最古老的也只是清代遗物。

六、编制方法

中国结大致分为基本结、变化结及组合结三大类,其编结技术除各种基本结的编结技巧外,还有共通的编结原理,并可归纳为基本技法与组合技法。基本技法是以单线条、双线条或多线条来编结,运用线头并行或线头分离的变化,做出多彩多姿的结或结组;而组合技法是利用线头延展、耳翼延展及耳翼勾连的方法,灵活地将各种结组合起来,完成一组组变化万千的结饰。

学习中国结艺的最后阶段是自行设计作品。设计一组美观大方的结饰时,最重要的是先确定其用途和功能,再决定其大小和形状,同时考虑颜色的搭配和配饰的适当运用。饰品的应用讲究细腻精致、古朴优雅。只要灵活运用饰口和结组,把艺术美感和浓浓情思融注其中,便能充分表现出中国传统艺术之美。

七、基本结法

中国结的基本结法有十多种,其名称是根据绳结的形状、用途或者原始的出处和意义来命名的。

(一)蛇结[①]

1. 将两股双色绳从头打结(图1-2-1)。

2. 将黄绳从蓝绳下面穿出,包住蓝绳(图1-2-2)。

3. 用蓝绳包黄绳,从黄绳圈里穿出(图1-2-3)。

4. 拉两根绳,抽紧,整理(图1-2-4)。

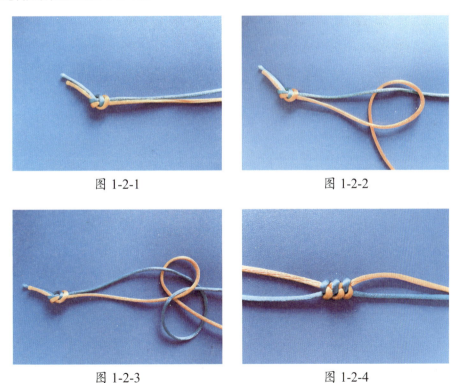

图1-2-1　　　　　　　　图1-2-2

图1-2-3　　　　　　　　图1-2-4

---

① 本组图片由徐健提供。

（二）双扣结①

1.将两股双色绳从头打结(图 1-2-5)。

2.将红绳绕黄绳一圈打松结,先不要拉紧(图 1-2-6)。

3.将黄绳穿过红绳绕圈打松结(图 1-2-7)。

4.将两根绳抽紧,整理(图 1-2-8)。

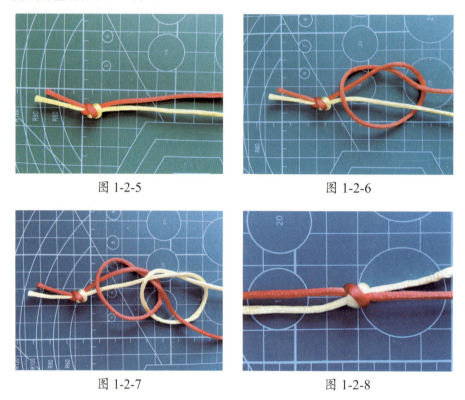

图 1-2-5	图 1-2-6
图 1-2-7	图 1-2-8

（三）十字结②

1.用左侧红绳从上往下包住右侧红绳,形成一个套(图 1-2-9)。

2.将红绳继续往下穿过绳子再做成一个套(图 1-2-10)。

3.将红绳从下往上包住两个套,从上面耳翼中穿出(图 1-2-11)。

4.将红绳向下拉,穿过最下面的套(图 1-2-12)。

5.收线形成十字结面(图 1-2-13)。

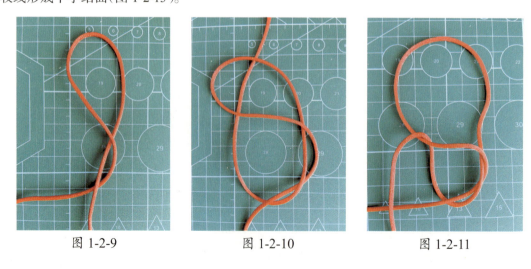

图 1-2-9	图 1-2-10	图 1-2-11

①② 本组图片由徐健提供。

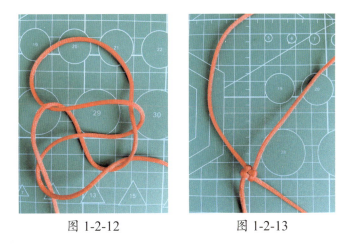

| 图 1-2-12 | 图 1-2-13 |

（四）三环结①

1. 将绳子的一头固定，另一头穿过固定的那端绕出（图 1-2-14 ）。

2. 另一头的绳子做挑、压动作后穿出（图 1-2-15 ）。

3. 继续做挑、压动作后穿出（图 1-2-16 ）。

4. 轻轻拉紧绳子，完成（图 1-2-17 ）。

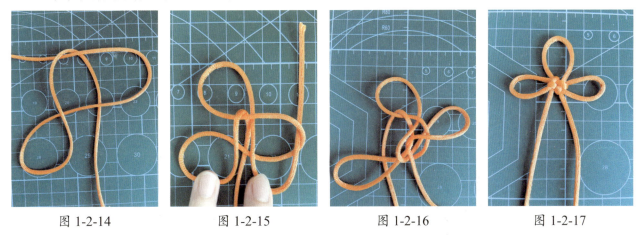

| 图 1-2-14 | 图 1-2-15 | 图 1-2-16 | 图 1-2-17 |

（五）蝶形结②

1. 将单根蓝色绳子打一个松的单结（图 1-2-18 ）。

2. 将黄绳穿过蓝绳的两条边（图 1-2-19 ）。

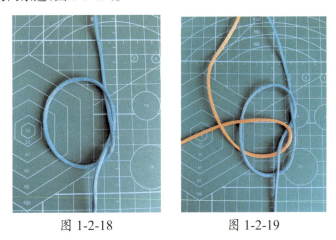

| 图 1-2-18 | 图 1-2-19 |

---
①② 本组图片由徐健提供。

3. 将黄绳下端的一头继续从底部穿过蓝绳的一边（图 1-2-20 ）。

4. 蓝绳的另一头做穿、绕动作（图 1-2-21 ）。

5. 轻轻拉紧绳子，完成（图 1-2-22 ）。

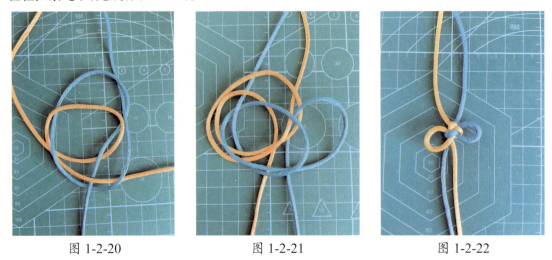

| 图 1-2-20 | 图 1-2-21 | 图 1-2-22 |

（六）平结[①]

平结是以一线或一物为轴，将另一线的两端绕轴穿梭而成。平结用途很广，可用来连接粗细相同的线绳，也可编制手镯、挂链等饰物。

1. 以红色细棒为轴，绳线绕轴打单结（图 1-2-23 ）。

2. 将单结的两端绳线拉紧后继续向下交叉打结（图 1-2-24 ）。

3. 轻轻拉紧（图 1-2-25 ）。

4. 重复将单结的两端绳线拉紧后继续向下交叉打结，拉紧后完成（图 1-2-26 ）。

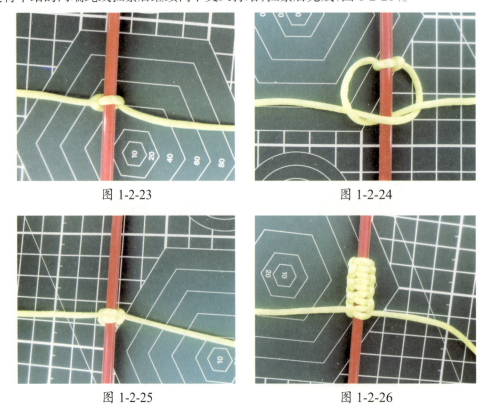

| 图 1-2-23 | 图 1-2-24 |
| 图 1-2-25 | 图 1-2-26 |

---

① 本组图片由王彤阳提供。

（七）琵琶结[①]

琵琶是由双线纽扣结演变而来的，常用以做唐装和旗袍的装饰纽扣。

1. 左手执倒 U 型线，两线尾都在掌心向下延伸（图 1-2-27 ）。

2. 用右侧线尾沿顺时针方向在 U 型头上绕一圈，与 U 型头成十字交叉，左手拇指、食指捏住交叉点，线圈预留足够大小（图 1-2-28 ）。

3. 用右侧线尾沿逆时针方向，走线后，包 U 型头一圈，线尾叠压在第一圈内侧，左手拇指、食指捏住交叉点，完成第一圈（图 1-2-29 ）。

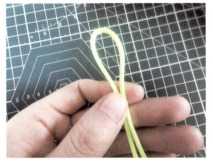  

图 1-2-27　　　　　　　　　　图 1-2-28　　　　　　　　　　图 1-2-29

4. 用右侧线尾沿顺时针方向，在第一圈内侧盘线一圈，与 U 型头成十字交叉，左手拇指、食指捏住交叉点（图 1-2-30 ）。

5. 用右侧线尾沿逆时针方向，走线后，在第一条线下方包 U 型头一圈，线尾叠压在第二圈内侧，左手拇指、食指捏住交叉点，完成第二圈（图 1-2-31 ）。

6. 重复上述步骤，完成第三圈、第四圈（图 1-2-32 ）。

7. 整理、完成（图 1-2-33 ）。

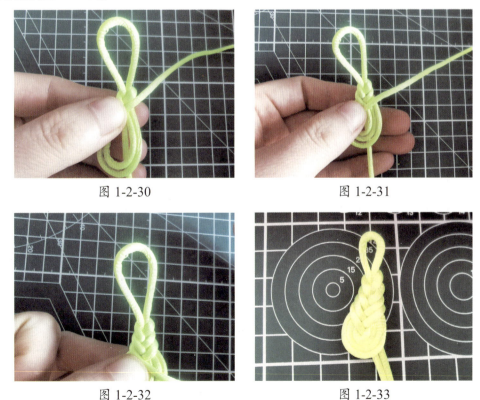

图 1-2-30　　　　　　　　　　　　图 1-2-31

图 1-2-32　　　　　　　　　　　　图 1-2-33

———————

① 本组图片由王彤阳提供。

八、思考与练习

选择一种结，编制出一个完整、漂亮的成品，用于装饰。

第三节　吉祥结、二回盘长结、四回盘长结

教学目标：了解吉祥结、二回盘长结、四回盘长结的概念和含义。区分几种常见的不同类型的盘长结。掌握吉祥结、二回盘长结、四回盘长结的打结方法。

教学重点：区分几种常见的不同类型的盘长结。

教学难点：掌握吉祥结、二回盘长结、四回盘长结的打结方法。

一、吉祥结

（一）概念

吉祥结，是古老的传统手工编织技艺，寓意吉祥如意、富贵平安、吉祥康泰，常用于装饰中国僧人的服装及庙堂。

（二）含义

"吉"为美好、有利，如"吉人天相""大吉大利"；"祥"则为福、善之意。《易经》上说："变化云为吉事有祥。"可见"吉""祥"二字为颂祝之词，代表着端详、美好、吉祥如意。"结"字也是一个表示力量、和谐，充满情感的字眼，给人以团圆、亲密、温馨的美感。吉祥结不仅具有造型、色彩之美，而且皆因其形意而得名，如盘长结、藻井结、双钱结等，体现着人们追求真、善、美的愿望。

（三）发展

吉祥结为十字结之延伸，由于年代久远，渗透着中华民族特有的文化精髓与文化底蕴，对传统中国结工艺的继承和发展是极有意义的。吉祥结已发展成为多个产品，主要有两大系列：吉祥挂饰和编结服饰。每个系列又包括多个品种，如吉祥挂饰有：大型壁挂、室内挂件、汽车挂件等；编结首饰有：戒指、耳坠、手链、项链等。

（四）编法[①]

1. 摆好大体的十字状结构（图 1-3-1 ）。

2. 将下方的线往右上角摆放（图 1-3-2 ）。

3. 把上边和右边的两个角变成如图 1-3-3 所示的样子。

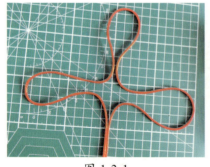
图 1-3-1

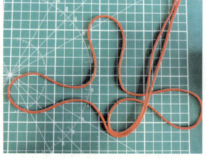
图 1-3-2

图 1-3-3

---

① 本组图片由王彤阳提供。

4. 将左边的绳子往下方的圈里穿过（图 1-3-4、图 1-3-5 ）。

5. 拉紧四个角（图 1-3-6 ）。

6. 重复步骤（2 ）至（5 ），打第二个结，并将两个结叠在一起（图 1-3-7 — 1-3-10 ）。

7. 拉紧（图 1-3-11 ）。

8. 拉出花边，完成（图 1-3-12 ）。

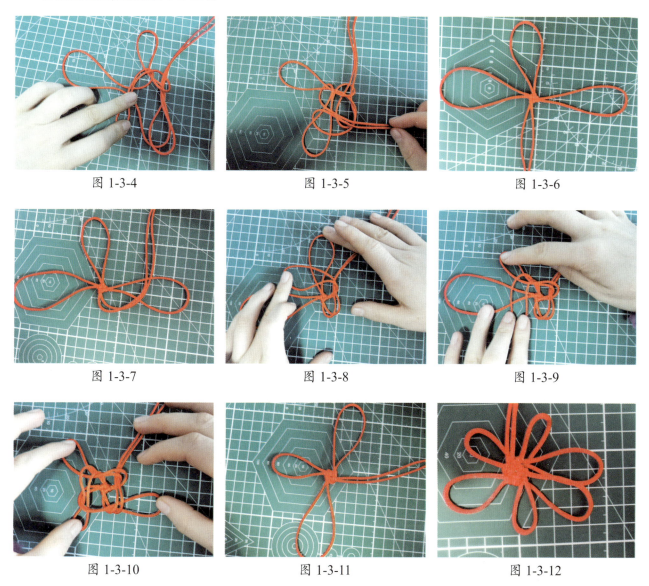

图 1-3-4　　　　　　　　　　图 1-3-5　　　　　　　　　　图 1-3-6

图 1-3-7　　　　　　　　　　图 1-3-8　　　　　　　　　　图 1-3-9

图 1-3-10　　　　　　　　　　图 1-3-11　　　　　　　　　　图 1-3-12

二、二回盘长结、四回盘长结

（一）概念

盘长结是中国结的一种，多用于挂件的搭配装饰。盘长是佛家法物八吉祥之一。盘长是肠形，象征连绵不绝，寓意长久不断。

（二）含义

盘长结也称作"盘肠结"，古人用"九曲柔肠"和"断肠"来形容对远方故人的思念。古诗中有"著以长相思，缘以结不解。以胶投漆中，谁能离别此。"用"结不解"和"胶投漆"来形容感情的深厚。其中显而易见并无丝毫悲凉伤感，却加重了"盘长结"的寓意。

（三）发展

盘长结和吉祥结一样，都是可以单独成结的基本结，也是最有代表性的中国结编法。盘长结的款式非常多，有二回盘长结、三回盘长结、四回盘长结、六回盘长结、八回盘长结等编法，还有复翼盘长结、一字盘长结、圆形盘长结等。

（四）编法

1. 二回盘长结[①]

二回盘长结也叫二道盘长结。所需材料：1.5 米红绳，若干珠针，1 个海绵垫。

（1）对折绳线打一个结，用"压一挑一"的方式走线，取珠针固定（图 1-3-13 — 1-3-30 ）。

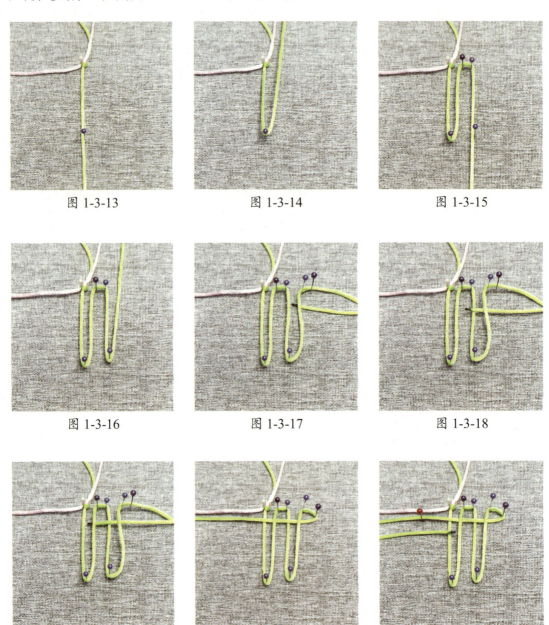

图 1-3-13　　　　　　　图 1-3-14　　　　　　　图 1-3-15

图 1-3-16　　　　　　　图 1-3-17　　　　　　　图 1-3-18

图 1-3-19　　　　　　　图 1-3-20　　　　　　　图 1-3-21

---

① 本组图片由东伊娜提供。

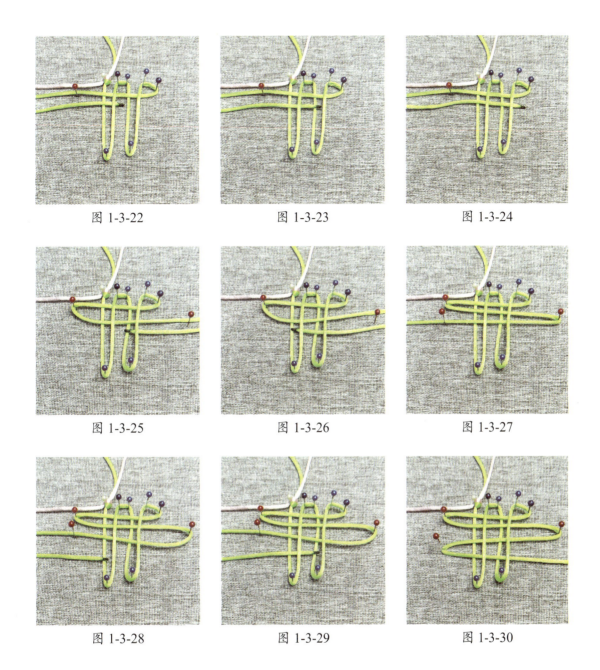

图 1-3-22　　　　　　　　　　图 1-3-23　　　　　　　　　　图 1-3-24

图 1-3-25　　　　　　　　　　图 1-3-26　　　　　　　　　　图 1-3-27

图 1-3-28　　　　　　　　　　图 1-3-29　　　　　　　　　　图 1-3-30

（2）用"挑一压一挑二，挑一压一挑二"的方式走线，取珠针固定（图 1-3-31 — 1-3-47）。

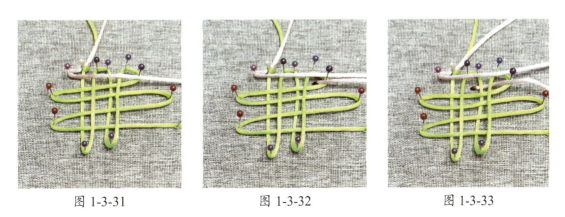

图 1-3-31　　　　　　　　　　图 1-3-32　　　　　　　　　　图 1-3-33

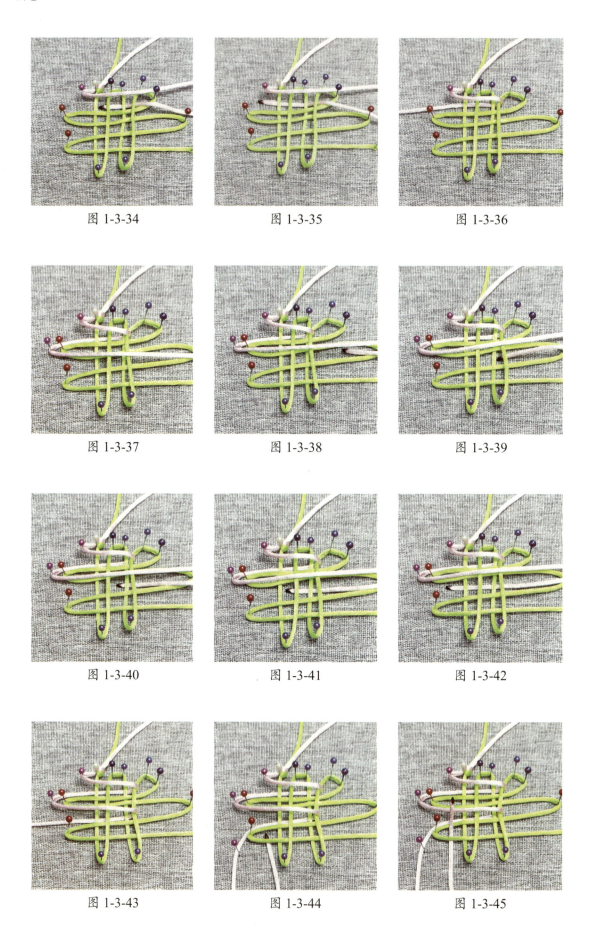

图 1-3-34　　　　　　　　图 1-3-35　　　　　　　　图 1-3-36

图 1-3-37　　　　　　　　图 1-3-38　　　　　　　　图 1-3-39

图 1-3-40　　　　　　　　图 1-3-41　　　　　　　　图 1-3-42

图 1-3-43　　　　　　　　图 1-3-44　　　　　　　　图 1-3-45

图 1-3-46   图 1-3-47

（3）用"压三挑一，压三挑一"的方式编出双线，取珠针固定（图 1-3-48 —1-3-53 ）。

图 1-3-48   图 1-3-49   图 1-3-50

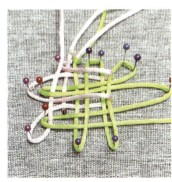

图 1-3-51   图 1-3-52   图 1-3-53

（4）用"压一挑一"和"压一挑二"的方式编出双线，取珠针固定（图 1-3-54 —1-3-66 ）。

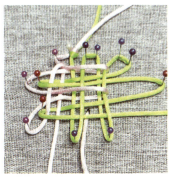

图 1-3-54   图 1-3-55   图 1-3-56

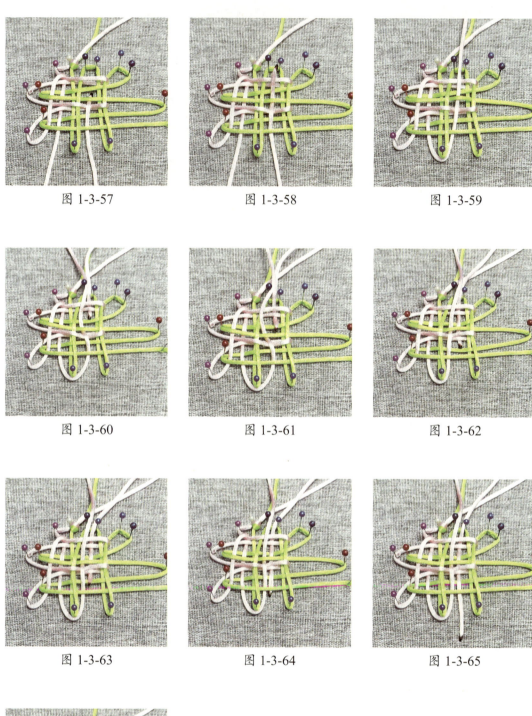

图 1-3-57　　　　　　　图 1-3-58　　　　　　　图 1-3-59

图 1-3-60　　　　　　　图 1-3-61　　　　　　　图 1-3-62

图 1-3-63　　　　　　　图 1-3-64　　　　　　　图 1-3-65

图 1-3-66

（5）慢慢收紧，完成（图 1-3-67 — 1-3-71）。

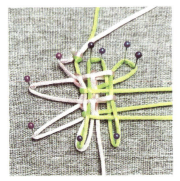

图 1-3-67

图 1-3-68

图 1-3-69

图 1-3-70

图 1-3-71

2. 四回盘长结

四回盘长结也叫六耳盘长结，是在二回盘长结的基础上进行加工和复杂化的编法。所需材料：双色绳各 1.5 米，珍珠若干。

（1）取两根颜色不同的线绳如图所示打一个双联结，然后固定绿色线绳来回走线（图 1-3-72）。

（2）绿色线绳继续折回走线（图 1-3-73、图 1-3-74）。

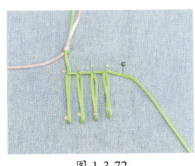

图 1-3-72

图 1-3-73

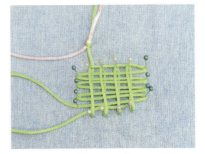

图 1-3-74

（3）固定好粉色的线绳后穿过绿色线绳的底部开始走线（图 1-3-75 — 1-3-78）。

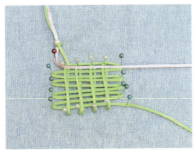

图 1-3-75

图 1-3-76

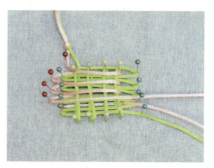

图 1-3-77　　　　　　　　　　图 1-3-78

（4）粉色线绳折回后继续走线,注意走线的方向（图 1-3-79 — 1-3-83 ）。

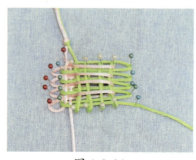
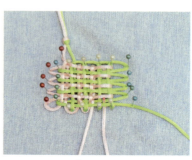

图 1-3-79　　　　　　　图 1-3-80　　　　　　　图 1-3-81

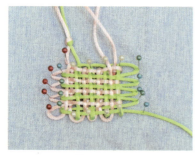
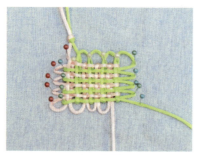

图 1-3-82　　　　　　　图 1-3-83

（5）轻轻拉紧整体,做轻微调整拉出四个侧面的"耳朵"后完成（图 1-3-84、图 1-3-85 ）。

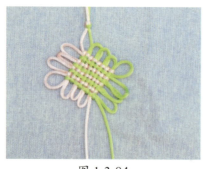

图 1-3-84　　　　　　　图 1-3-85

三、思考与练习

根据本节介绍的方法独立完成二回盘长结和四回盘长结。

第四节　线绳艺术在幼儿园的应用

在幼儿园开展线绳艺术活动不仅能够让幼儿真正参与实践活动,发展幼儿的观察能力和创造能力,而且能培养幼儿的环保意识。在线绳艺术活动中可以尝试激发幼儿参与线绳艺术活动的兴趣和意愿,就像著名儿童心理学家皮亚杰所说"知识来源于动作",要让幼儿全身心地投入学习,就离不开实践活动。

一、创设环境,培养兴趣

创设一个既优美又对幼儿具有吸引力的线绳环境,激发幼儿对线绳艺术活动的兴趣,从而培养幼儿自己动手、乐在其中的美好情趣。

(一)线绳作品欣赏

开展线绳艺术活动的前期,通过欣赏常用单结、中国结、吉祥结、二回盘长结、四回盘长结等打结方法,让幼儿了解线绳可以变成可爱的小动物、美丽的花草、有趣的人物等。这些作品不仅精美,而且与绘画、剪贴等美工作品有着明显的不同,能够很快吸引幼儿的注意力,激发他们的兴趣,使其跃跃欲试。

(二)家园共育　资源共享

收集不同种类、款式、颜色的线绳材料,为幼儿的创作活动做好充分的准备。我们可以充分发挥家园共育的作用,利用家长资源,共同收集中国风的线绳、蜡绳、皮绳、麻绳等不同种类的线绳。将这些线绳投放到区域活动中,让幼儿用自己收集的线绳进行创作。

二、创造利于幼儿创作的空间及场地

《幼儿园教育指导纲要(试行)》中明确指出:宽裕的场地和充分的探索材料有利于激发幼儿探索动机,让幼儿学会探索,增强幼儿自主学习的能力。

(一)合理投放材料

幼儿初次接触线绳创作活动时,会发现许多精美的作品看似很简单,但是做起来可能会有很多困难。因此,在幼儿参与线绳艺术活动的过程中,我们一定要循序渐进,从简单到复杂,一步一步引导幼儿学习线绳创作。例如,在最初学习的阶段,我们可以将投放的线绳材料设置为一些纸绳,再为幼儿提供一些勾画了简单的水果外形及图形的底板,幼儿可以用这些纸绳沿着底板上图形的轮廓慢慢贴出相应的图案。这样不仅能让幼儿操作起来比较简单,而且能让幼儿在活动中体验到成就感,更能进一步激发他们参与线绳艺术活动的兴趣。

(二)充分发挥幼儿主动性

有了前期线绳创作的铺垫,在接下来的过程中,教师就要从指导者的角色调整为观察者,并且在幼儿需要帮忙与引导的时候成为幼儿的合作者、支持者,让幼儿在活动中充分发挥他们的自主探索性,从而获得成就感。

三、创作与生活相结合

(一)通过观察生活中的事物激发幼儿想象力

引导幼儿通过观察生活中的事物,将生活与学习相结合。例如,在春天来临之际,幼儿观察到小草发芽了,迎春花、桃花开了,于是,我们引导幼儿用线绳表现春天的大自然。

（二）开展丰富多彩的主题活动

将线绳艺术融入主题活动,会让线绳创作显得更加富有灵动性。例如,在主题活动"我爱妈妈"中,可以引导幼儿用线绳制作各种小礼物送给妈妈;在主题活动"欢欢喜喜庆新年"中,营造新年氛围时可以加入更多的线绳元素,使线绳材料成为创设环境的主要材料。

四、搭建展示平台,激发幼儿的自信心

线绳除了做粘贴画,还可以让幼儿利用收集到的多种线绳认识红、黄、绿、蓝、黑、白等颜色,同一种色系又分化出多种颜色,非常有趣。通过评比"人气小明星"、创设幼儿作品小展台等形式,激发幼儿的自信心,让幼儿感受到成功的快乐。

第二章　环保手工、废旧物品造型[①]

　　幼儿园环保手工,即利用生活中的废旧物品为幼儿制作玩教具或带领幼儿一起利用废旧物品制作手工作品。《幼儿园教育指导纲要(试行)》指出:幼儿教师要指导幼儿利用身边的物品或废旧材料制作玩具、手工艺品等,美化自己的生活或开展其他活动。

　　幼儿时期的主要学习资源是玩具,幼儿认识世界的主要途径及重要学习方式是玩和操作玩具。幼儿往往对玩具爱不释手,甚至从不起眼的小盒、小罐等废旧物品中也能找到乐趣。

第一节　环保手工原则

　　教学目标:利用废旧物品进行创造,加强环保意识,养成珍惜物品、不乱丢废旧物品的好习惯,激发创造性思维。

　　教学重点:"变废为宝",在幼儿园的环境创设、教育教学等方面巧妙地利用废旧材料,有效发挥幼儿园环保手工的作用。

　　教学难点:了解并掌握幼儿园环保手工制作原则,安全第一、简单可玩是重点。

一、安全性原则

　　"安全"是幼儿园首要考虑的因素,只要是出现在幼儿园的材料本身必须无毒无害,不容许存在任何的安全隐患。

图 2-1-1

---

① 本章图片由包春雨提供。

二、可玩性原则

利用废旧物品制作玩具的主要目的就是"玩儿"。我们制作的玩具不能只是"看起来好看"却"中看不中用","可玩性"是利用废旧物品制作玩具的另一个原则。

图 2-1-2

三、简易性原则

玩教具的制作不仅仅是追求结果、越花哨越丰富越好,相反,越简单有趣的玩具越能激发幼儿的潜在能力,把简单的玩具玩出新花样。教师可以带领幼儿一起制作简单的玩具,让幼儿在制作玩教具的过程中不断遇到问题、进行探索,想办法解决问题,最后获得成功。如果玩具太过复杂,超出幼儿的能力范围,幼儿容易产生挫败感,就违背了利用废旧物品制作玩教具的初衷。

图 2-1-3

四、教育性原则

玩具为幼儿的学习提供了各种感知觉刺激和可操作的、具体形象的"概念框架",为幼儿动手动脑主动学习创造了有利的条件。玩具的具体形象性和可操作性的特点决定了玩具作为幼儿学习的"课本"的年龄适宜性,促进幼儿的学习和发展。幼儿园自制玩教具的"教育性",还应当体现在根据幼儿园的课程目标和内容来考虑自制玩教具适宜的"用途",充分发挥自制玩教具的作用,促进幼儿的学习和发展,要避免为做玩教具而做玩教具的倾向。

图 2-1-4

五、创新性原则

幼儿园自制玩教具的"创新性"主要表现在两个方面：一是构思新颖。自制玩教具在外形、结构、使用方法以及所用的材料等方面要"独具一格"或能"推陈出新"。二是符合幼儿身心发展的特点和水平，符合儿童身心发展的客观规律。在自制玩教具时，要考虑其所承载的知识、概念和原理是否符合幼儿的学习需求，幼儿是否能够真正理解这些知识、概念和原理。

图 2-1-5

第二节　废旧物品再利用

教学目标：多感官参与创新思维活动，知道环保手工所带来的社会价值，体验变废为宝的乐趣。激发发明创造的欲望和探索精神，发展想象和动手操作能力，培养初步的创新意识。能用多种形式的废旧物品组合创新出各种物体、玩具，感受到废旧物品组合创新的乐趣。

教学重点：通过设计制作，让幼儿享受制作的乐趣，感受合作的力量和乐趣，体验创造魅力。通过废旧物品再利用渗透环保意识和环保能力。通过对作品的评价交流，培养幼儿的审美情趣和创新意识。

教学难点：分割、组合等基本的制作技巧并有所创新。

我们将废旧物品用于制作幼儿园玩教具，使幼儿在游戏中获得体育、音乐、语言、科学等一系列的平衡发展。利用废旧物品制作的玩教具大致分为以下几类：

一、科学类

区域活动是幼儿自我学习、自我探索、自我发现、自我完善的活动,具有相对宽松的气氛和灵活多样的活动形式。科学区是为幼儿提供自我与自主探究学习的活动区域,能开发幼儿潜能,满足每个幼儿的不同探究需要,是最受幼儿欢迎的区域之一。

(一)饮水机

所需材料:矿泉水瓶、吸管、硬纸盒、剪刀、一次性杯。

关键经验:瓶盖控制水流,只在有空气的时候水才能流出来。

指导要点:用锥子把矿泉水瓶的中下位戳一个孔,把吸管放进小孔里,外面再套一个小纸盒箱,拧瓶盖来控制水流。

游戏目的:让幼儿了解简单的物理知识,知道没有空气水就没办法流出来。

图 2-2-1

(二)自制音箱

所需材料:纸盒箱、卡纸、废旧空瓶。

关键经验:知道声音是可以传播的。

指导要点:游戏时让幼儿把耳朵放在瓶口处,打开手机软件便能听到音乐。

游戏目的:锻炼幼儿对声音传播的感知能力。

图 2-2-2   图 2-2-3

（三）水车

所需材料：不同大小的饮料瓶，瓶子里装上带颜色的清水（便于幼儿观察）。

关键经验：捏下面的瓶子，水通过吸管喷进上面的瓶子，从而带动小水车转动。

指导要点：感知水流的运动轨迹。

游戏目的：让幼儿知道地心引力的存在，水是向下流的。

图 2-2-4　　　　　　　　　　图 2-2-5

（四）掌握平衡

所需材料：大小不同的各种自制糖果、硬纸片、饮料瓶。

关键经验：知道天平两边物体重量相等才能保持平衡状态。

指导要点：投放材料时注意掌握两边杯子的重量。

游戏目的：培养幼儿的观察力和动手操作能力，调动幼儿学习平衡称的兴趣。

图 2-2-6　　　　　　　　　　图 2-2-7

（五）跳跳蛙

所需材料：矿泉水瓶、卡纸、彩笔。

关键经验：塑料物品的弹跳性。

指导要点：游戏时注意幼儿用手摁下去的力度，只有力度合适弹跳才更明显。

游戏目的：锻炼幼儿手的控制能力。

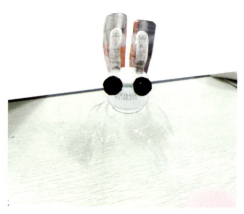

图 2-2-8

(六)感知重力

所需材料:各种卡通动物头像、小球、管道等。

关键经验:知道小球从高处落下的轨迹。

指导要点:通过小球的滚动轨迹让幼儿认识重力的存在,及物体运动轨迹与周围环境。

游戏目的:锻炼幼儿的重量感知力和手的控制能力。

图 2-2-9

图 2-2-10

二、益智类

　　益智区与其他区域相比,更注重发展幼儿的逻辑思维能力。从材料的提供上不难看出许多与科学领域中的数学内容有关,但作为教师首先应清楚地认识到幼儿掌握的知识是有限的,也就是说,教师要了解班级幼儿的最近发展区,据此投放适合幼儿发展的适宜材料,以帮助幼儿更快、更多、更好地获得新知识。

图 2-2-11　　　　　　　　　　图 2-2-12

（一）万能魔方

所需材料：硬纸盒、彩笔、鞋带、热熔胶等。

关键经验：魔方每一面都有可操作的游戏，幼儿可根据不同模块练习不同技能。

指导要点：引导幼儿在游戏中掌握生活小技能。

游戏目的：培养幼儿手、眼、口协调能力及反应能力，锻炼幼儿"一物多玩"的探索能力。

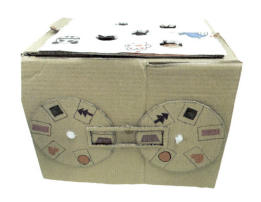

图 2-2-13　　　　　　　　　　图 2-2-14

图 2-2-15　　　　　　　　　　图 2-2-16

（二）认识钟表

所需材料：一次性纸盘、硬纸盒、彩笔、钉子。

关键经验：幼儿学会看钟表。

指导要点：游戏中可以让幼儿自己动手转动指针，了解钟表的转动规律。

游戏目的：让幼儿了解时钟的表面结构及时针、分针的运转规律，学会看整点、半点时间。

图 2-2-17

（三）小球走迷宫

所需材料：废纸盒、玻璃球（或珠子等）、彩色卡纸（或吸管、卷纸条等）。

关键经验：知道迷宫从入口到出口有多条路线。

指导要点：锻炼幼儿思维的灵活性。

游戏目的：培养幼儿积极探险的精神，增强他们的智慧和战胜困难的能力。

图 2-2-18　　　　　　　　图 2-2-19

（四）拼图游戏

所需材料：硬纸盒、剪刀、彩笔。

关键经验：让幼儿学习看总图样，再去分析物体各个部分在图中的方位，可以让孩子观察每块拼图上的色彩、造型的特点，只有仔细地观察、充分掌握材料才能进行拼搭。

指导要点：观察图形特征，按照图形特征进行拼插。

游戏目的：帮助幼儿了解部分与整体的关系，培养平面组合的概念，提高幼儿的观察力、专注力。

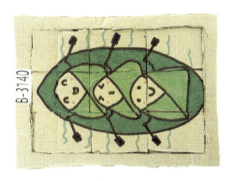

图 2-2-20

（五）七巧板

所需材料：硬纸片、彩笔、剪刀。

关键经验：让幼儿在活动中积累数学经验，打破定势，转换思维。

指导要点：让幼儿尝试用几何图形不同的组合创造出各种有趣的造型。

游戏目的：让幼儿熟悉形状的组合与分解，开发幼儿的智力，培养其创造性思维。

图 2-2-21　　　　　　　　图 2-2-22

三、音乐类

《幼儿园教育指导纲要（试行）》指出，幼儿园教育"以游戏为基本活动"。表演游戏相对于其他游戏，是一种主动的再现活动，不是以演给别人看为目的，而是为了满足幼儿表演的愿望。打击乐是幼儿最易掌握的乐器之一，它是幼儿表演音乐的一种最自然、最直接的工具。打击乐演奏能力既是幼儿节奏能力发展的一个表现，也是幼儿音乐感知、理解及创造能力的具体体现。

所需材料：瓶盖、硬纸片、筷子等。

关键经验：理解并享受律动，关注动作、音乐、道具之间的关系。

指导要点：演奏时引导幼儿腕部发力。

游戏目的：感受旋律的气氛以及和同伴一起参加集体活动的乐趣，并体验音乐带来的节奏美与韵律美。

适合年龄：小班。

图 2-2-23　　　　　　　　图 2-2-24

所需材料：纸盒、纸板、水粉颜料、木琴、玻璃球。

关键经验：比起单纯地敲打木琴，这个玩教具更富有趣味性，把球一层层摇上去再滚落到木琴上发出声音。

指导要点：摇动阶梯式纸盒，玻璃球会一层层上升然后滚落到木琴，再从木琴由上而下落下来时会发出音节。

游戏目的：试听结合，不仅可以让幼儿动手去摇纸盒阶梯，也可以让幼儿感受音乐的美妙。

适合年龄：中班、大班。

图 2-2-25　　　　　　　　图 2-2-26

（一）拨浪鼓

所需材料：各种废旧材料、筷子、纽扣等。

关键经验：理解并享受律动，关注动作、音乐、道具之间的关系。

指导要点：演奏时指导幼儿双手夹住筷子杆左右搓动。

游戏目的：引导幼儿感受旋律的气氛以及和同伴一同参与集体活动的乐趣，体验音乐带来的节奏美与韵律美。

适合年龄：托班、小班。

图 2-2-27　　　　　　　　图 2-2-28

（二）吉他

所需材料：纸盒、圆柱筒、纸板、彩色即时贴、细线。

关键经验：理解乐器可分为弹拨乐器、打击乐器、管弦乐器等，吉他属于弹拨乐器。

指导要点：拨动琴弦，发出各种音调。

游戏目的：帮助幼儿了解吉他各部分名称，初步掌握持琴姿势与手型。

适合年龄：中班、大班。

图 2-2-29

四、语言类

关于语言区，各家幼儿园可能有不同的区域标识，如图书区、图书角、阅读区等，教师大都会投放一些符合班级幼儿年龄特点和学习特点的书籍资料，这是目前幼儿园语言区的一个常态。《3—6岁儿童学习与发展指南》中指出：语言是交流和思维的工具，幼儿的语言能力是在交流和运用的过程中发展起来的。所以教师应为幼儿创设自由、宽松的语言交流环境，鼓励和支持幼儿与成人、同伴交流，让幼儿想说、敢说、能说、喜欢说，能在交流中作出积极的回应。

（一）故事盒

所需材料：根据故事内容寻找相应的材料。

关键经验：幼儿已有一定的词汇基础。

指导要点：根据故事材料自编故事。

由于托小班幼儿语言发展还不是很完善，看图说话时可出示一些故事关联性不是很强的图片。当幼儿能用字和词描述图片内容，教师可根据幼儿的实际情况丰富其语言表达能力；对于小班末期的幼儿，可让幼儿根据图片内容自由编故事，逐渐实现字词句的连贯性。

图 2-2-30

（二）故事机

所需材料：饼干盒、卫生纸卷、塑料薄膜、彩纸、故事内容卡片。

关键经验：操作故事机的基础经验。

指导要点：讲述故事时边讲边转动故事机。

故事机是一款集动手能力与语言表达能力为一体的语言区自制玩教具，相对于故事盒，它的优点在于比较神秘，因为每次只能转动出一张卡片，可以提高幼儿听故事的积极性和主动性。

图 2-2-31　　　　　　　　　　　图 2-2-32

五、建构类

在建构区,积木是游戏的主要材料,是开展游戏的物质基础,而丰富多彩的辅助自制材料或是废旧物改造材料可以支持建构区的游戏。辅助材料的投放,一方面可以丰富幼儿的搭建内容,另一方面可以帮助幼儿发展游戏情节。但是辅助材料的提供不在于花样繁多,而在于是否能够恰当地服务于建构目标。

(一)纸板搭建

所需材料:废旧纸箱子。

搭建范围:主题搭建、辅助搭建。

适用搭建主题:无主题搭建,幼儿自由创意。

指导要点:在搭建过程中有效利用纸板。

适合年龄:中班、大班。

图 2-2-33　　　　　　　　　　　图 2-2-34

(二)卡纸造型

所需材料:彩色硬卡纸、剪刀、双面胶。

搭建范围:主题搭建、辅助搭建。

适应搭建主题:房屋、高楼等建筑的辅助搭建。

指导要点:在搭建过程中引导幼儿掌握平衡点,即怎样搭建才能越搭越高。

适用年龄:中班、大班。

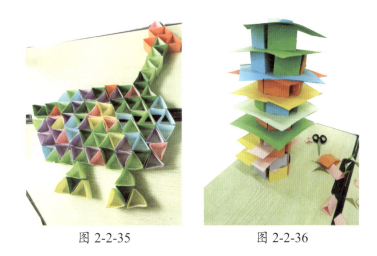

图 2-2-35　　　　　　　图 2-2-36

六、体育类

体育器械游戏活动不仅能丰富幼儿日常生活,而且能对幼儿健康成长起到关键作用,这类游戏可以锻炼幼儿的手部力量,使幼儿在愉快的环境中健康成长。

图 2-2-37　　　　　　图 2-2-38　　　　　　图 2-2-39

图 2-2-40　　　　　　图 2-2-41

七、角色类

角色区是幼儿开展角色游戏的主要场所。角色游戏是指幼儿通过角色扮演,以模仿和想象创造性地反映周围生活的游戏。角色游戏的特点是幼儿的"创造性"以及游戏内容反映社会生活的"社会性"。角色区的环境创设应该与幼儿的生活环境相贴近,处处体现亲近感,创设一个与幼儿生活相关的场景,让幼儿通过操作扮演的游戏从侧面了解社会,增加社会生活经验。

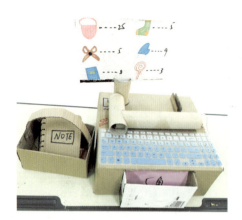

图 2-2-42

图 2-2-43

（一）袜子手偶／不织布手偶和指偶

图 2-2-44

图 2-2-45

图 2-2-46

图 2-2-47

图 2-2-48

图 2-2-49

（二）吸管和冰棍杆类娃娃家

<table>
<tr><td>图 2-2-50</td><td>图 2-2-51</td></tr>
</table>

结语

利用废旧材料制作环保玩教具不仅能丰富幼儿的生活，而且能培养幼儿勤俭节约和环保意识，更能培养幼儿操作、观察、想象、思维和艺术表达等各方面的能力。

环保玩具尽管在设计和制作上没有专业化玩具那么精细、精致，但毕竟是运用自己的双手，通过自己的想象和创造制作的，对于幼儿而言意义深远。

第三节　废旧织物造型

教学目标：认识废旧织物，了解生活中的织物作品，通过欣赏织物作品激发学习欲望。培养动手能力，勤于动手，掌握基本的利用废旧织物的制作方法。提高学习手工织物的兴趣，感受学习和生活的快乐，认真观察生活，提高创新意识。

教学重点：了解废旧织物的概念、艺术特征，掌握基本技法。

教学难点：利用物体的外形，材料的内部结构，其横、纵截面的形状和内层结构。根据制作的内容，选用适合的材料表现作品的主题。

一、废旧织物及其作用

织物与幼儿的生活息息相关，是幼儿日常生活中熟悉的经验领域，蕴藏着丰富的教育资源，可以为幼儿提供广阔的探索空间，为广大教师、家长和幼儿所喜闻乐见。因此，制作废旧织物不仅可以促进幼儿在思维、操作、创造等方面得到全面发展，促进教师的专业成长，而且能提高家长参与幼儿教育的意识。

二、废旧织物的制作

废旧织物的制作是利用不同颜色的边角料，按颜色和设计好的轮廓，经过裁剪、粘贴、缝制和装饰，组合成立体感强、色彩鲜明、新颖别致、风格独特的布艺品。中国的民间布艺主要用于服装、鞋帽、床帐、挂包、背包和其他小件的装饰（如头巾、香袋、扇带、荷包、手帕）、玩具等。布艺是以布为原料，集民间剪纸、刺绣、制作工艺为一体的综合艺术。

传统布艺是以人们对美好生活的向往为题材，通过变形、夸张的手法，同时融合、吸收民间美术的民俗性，通过贴、扎、缠、叠、镶、拼、剪等技法来制作布艺品。手工布艺起源于民间，是妇女在劳作之余，运用身边的边角料缝制一些好玩的东西逗趣孩子之用，如传统的布老虎。布艺从诞生之日起就带有浓重的生活气息。

三、废旧织物的种类及艺术特征

各种布料经过拼贴、绑扎、添加装饰等方法，形成平面或立体的作品，有布拼贴画、线绳类缠绕作品、立体玩偶、挂饰和布嵌装饰等。

平面拼贴的技法相对简单，造型大多夸张变形，装饰感强。尤其是布拼贴画，风格独特，适用于多种场合的装饰，是比较常见的幼儿布艺教学题材。线绳类缠绕作品具有肌理感、层次感，相对平面布拼贴画更容易激发学生的学习兴趣，装饰性强、易学易教。立体玩偶主要以玩教具为主，是幼儿喜欢的玩具之一。立体玩偶范围广泛，可利用废旧袜子、手套、衣袖、裤腿等就地取材，进行添加装饰，不但是幼儿的玩具，而且可以亲子一起参与，增强感情。

四、废旧织物的制作材料与工具

废旧织物在生活中无处不在，且种类繁多。布艺因为对色彩和构图有较高的要求，尤其是在幼儿园的教学生活中，既要重视美观性又要重视实用性。

材料：各类布料、废旧毛线、废旧手套、废旧袜子、废旧衣物等。

工具：针、线、剪刀、美工刀、尺、定位针、手工白乳胶、酒精胶、气消笔、镊子等。

五、废旧织物的制作方法

（一）构思设计

废旧织物在造型过程中局限性小，因其柔韧度好，便于制作。在初步设计时，最重要的是依据手中的材料，考虑质感的搭配和使用上的灵活变化。

（二）分解加工材料

把材料分解成几个部分，分别加工裁剪，粘贴和缝合的步骤均是由大面积至细节部分。

六、废旧织物的表现形式

（一）添加装饰

利用废旧袜子、手套、衣物等的原有形态，巧妙设计，添加形象，变化成有新的功能的造型。这样制作出来的作品实用、美观、可活动、可灵活表演、趣味横生。添加装饰的制作方法与步骤以"线手套娃娃"和"袜子雪人"为例（图 2-3-1、图 2-3-2 ）。

步骤 1　准备材料　　　　　　　　　　步骤 2　填充

步骤 3　整理形态　　　　　　　　步骤 4　添加装饰

图 2-3-1　"线手套娃娃"的制作过程[①]

步骤 1　准备材料　　　　　　　　步骤 2　裁剪、填充

步骤 3　绑扎、装饰　　　　　　　步骤 4　完成效果图

图 2-3-2　"袜子雪人"的制作过程

（二）绑扎

　　将毛线与其他材料结合做成缠绕绑扎的立体造型，给人一种造型别致的视觉效果。用这种方法，可以随心所欲地做出各种平面或立体造型（图 2-3-3、图 2-3-4）。

---

① 本组图片由山东省聊城幼儿师范学校学生高留嘉提供。

步骤1　准备材料

步骤2　缠绕毛线

步骤3　绑扎组合

步骤4　完成效果

图 2-3-3　绑扎"光盘小车"的制作过程①

步骤1　准备材料

步骤2　铁丝造型

步骤3　制作花瓣

步骤4　组合花瓣

① 本组图片由山东省聊城幼儿师范学校学生田思艺提供。

步骤 5 缠绕花秆 步骤 6 完成作品

图 2-3-4 绑扎"丝网荷花"的制作过程[1]

（三）贴画

毛线、毛线剪碎后的毛绒以及各种质地的布都可以用来做贴画，毛线贴画要注意线贴的方向与物体的有机结合。布贴画主要讲求布的色泽肌理的合理搭配，作品具有线与布的质感，由于材料有一定的厚度，画面有层次感，粘接材料用乳胶效果较好（图 2-3-5、图 2-3-6）。

步骤 1 准备材料 步骤 2 剪贴

步骤 3 造型 步骤 4 整理完成

图 2-3-5 布贴画"小女孩"的制作过程[2]

① 本组图片由山东省聊城幼儿师范学校学生王新伟提供。
② 本组图片由山东省聊城幼儿师范学校学生田欣雨提供。

步骤 1 准备材料

步骤 2 裁剪图形

步骤 3 添加装饰

步骤 4 整理完成

图 2-3-6 布贴画"扣子瓢虫"的制作过程①

七、作品赏析

图 2-3-7 袜子娃娃与雪人

图 2-3-8 袜子娃娃 图 2-3-9 穿牛仔裤的斑马

图 2-3-10 袜子斑马

图 2-3-11 纸杯篮子

图 2-3-12 牛仔布袋

① 本组图片由山东省聊城幼儿师范学校学生王钰铭提供。

图 2-3-13 毛线麻雀　　　　　　　　　图 2-3-14 牛仔零钱袋

八、主题活动

试一试,和家人一起用毛巾来绑扎"小熊"吧!制作过程如图 2-3-15 所示。

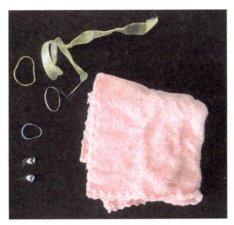
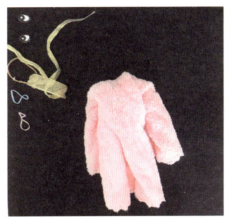

步骤 1　准备材料　　　　　　　　　步骤 2　叠、扭

步骤 3　绑扎　　　　　　　　　　　步骤 4　整理完成

图 2-3-15　绑扎"小熊"的制作过程①

---

① 本组图片由山东省聊城幼儿师范学校学生秦嘉琪提供。

第四节 其他废旧物品造型

教学目标: 利用废旧物品制作手工作品,培养动手能力、创造力和审美能力,增强环保意识。

教学重点: 熟练掌握其他废旧物品造型的利用形式和制作方法。

教学难点: 运用所学方法制作艺术性与实用性相结合的废旧物品改造作品。

一、其他废旧物类型简介

学前阶段幼儿的学习能力大多是在游戏和操作中获取的,所以通过手工教学,引导幼儿对废旧物品进行改造和制作是发展幼儿思维、想象、创新和动手能力的有效途径。除前面所提常见的废旧物品类型,可利用的废旧物品还有其他多种形式,经过精心准备也可制作出具有适时性、针对性和创造性的物品。废旧物品包括多种形式,按照材料属性可以分为纸制品、塑料制品和木制品等;按照功能属性可以分为自然物品、生活用品等。

纸制品类包括纸箱、纸盒、纸杯、旧书等;塑料制品包括饮料容器、洗涤用品容器、调味品容器、吸管、塑料杯、空药瓶等;木制品包括雪糕棍、一次性方便筷、枯树枝等;金属制品包括铝制啤酒罐、铁皮罐头罐、铜丝、铁丝等;自然物品包括叶子、羽毛、石头、树根等;生活用品包括陈粮、果壳、蛋壳等。

二、制作其他废旧物品造型对幼儿的意义

利用上述废旧物品引导幼儿进行创新实践,改造出具有幼儿个性特点的可利用物品,不仅可以锻炼幼儿的手、脑、眼等协调能力,扩展幼儿的空间创造力,而且可以帮助幼儿自小养成勤俭节约的良好习惯,同时也可间接改变家长的传统教育观念,使幼儿教育更加科学化。

三、其他废旧物品造型的利用形式

(一)原型利用

原型利用的形式是指在不改变废旧物品造型的基础上进行加工和改造,制作出可应用和装饰的物品。此种方法的制作过程比较简单,适合学前阶段的幼儿动手操作。

(二)结构重组

结构重组是运用拆分、切割和重新组合等方法对原材料进行改造,此种方法改变了原有废旧物品的基本结构,因此相对较复杂,也更加考验幼儿的创新能力和空间想象能力。

(三)综合运用

综合运用是在结构重组的基础上利用多种废旧物品进行改造和重组,综合运用废旧物品可制作出灵活多样的可利用的物品,激发幼儿的兴趣,提升幼儿的综合能力。

四、其他废旧物品造型的制作方法

(一)粘贴法

粘贴法是运用废旧物品拼贴出新造型的表现形式,此种形式比较简单,所需技巧和空间想象力要求较低,适合刚接触废旧物品改造的幼儿,凡是可粘贴的废旧材料都可以用来制作粘贴画,如果壳粘贴画、树叶粘贴画、陈粮粘贴画等(图 2-4-1 —2-4-6)。

图 2-4-1　鱼群　　　　　　　　图 2-4-2　小羊　　　　　　　　图 2-4-3　红绿灯

图 2-4-4　落雪　　　　　　　　图 2-4-5　向日葵　　　　　　　图 2-4-6　花盆

（二）包装法

包装法是在废旧物品的表面利用具有装饰效果的彩纸、布料或木棍等对其进行装饰，将废旧物品改造成为独具风格的可利用物品（图 2-4-7 —2-4-10 ）。

图 2-4-7　可爱小屋

图 2-4-8　纸飞机

图 2-4-9　星空盒

图 2-4-10　灯笼

（三）添加法

添加法是根据废旧物品造型的特点,在其表面运用绘画、粘贴、镶嵌等方式对其进行装饰,使废旧物品呈现出具有自身特点的不同的视觉美感(图2-4-11—2-4-15)。

图 2-4-11　花瓶

图 2-4-12　相框

图 2-4-13　笔筒

图 2-4-14　风车

图 2-4-15　电话

（四）缠绕法

缠绕法是运用纸条、毛线和丝带等废旧物品在立体造型表面进行缠绕,从而制作出具有立体感的作品。此种方法比较复杂,制作过程稍有难度(图2-4-16—2-4-20)。

图 2-4-16　笔筒

图 2-4-17　小篮子

图 2-4-18　小鸟

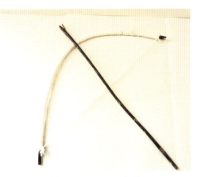

图 2-4-19　装饰挂件　　　　　　　图 2-4-20　弓箭

（五）综合法

综合法是对立体的瓶罐等废旧物品进行剪切、分割和镂空等，再对其进行组装。制作过程中多运用尖锐性工具，要确保幼儿的安全（图 2-4-21 — 2-4-26）。

图 2-4-21　魔法小屋　　　　　图 2-4-22　森林小屋　　　　　图 2-4-23　炫彩小屋

图 2-4-24　魔法盒子　　　　　图 2-4-25　长生树　　　　　图 2-4-26　相框

五、其他废旧物品改造作品制作步骤

（一）粘贴法——快乐的小牛（图 2-4-27）[①]

步骤 1：准备材料（纸盒、水粉颜料、水粉笔、记号笔、麻绳、白乳胶、剪刀、美工刀）。

步骤 2：用剪刀将纸盒剪出所需形状，纸盒需要有一定的厚度，保证作品最后的立体效果。

步骤 3：运用麻绳和白乳胶将牛角和圆形装饰物进行缠绕。

步骤 4：用黄色水粉颜料将纸盒染色作为粘贴画的背景，在背景周围缠绕一圈麻绳。

步骤 5：用马克笔画出牛的身体和面部造型。

步骤 6：按照顺序将造型依次粘贴到背景中，并检查固定程度，完成作品。

---

① 本组图片由聊城幼儿师范学校学生提供。

图 2-4-27 快乐的小牛制作步骤

（二）综合法——小房子（图 2-4-28）[①]

步骤 1：准备材料（纸箱、牛皮纸、胶水、剪刀、美工刀）。

步骤 2：用剪刀将牛皮纸剪成长条状，作为房子屋顶的装饰。

步骤 3：用剪刀将纸盒剪出所需形状，并用美工刀进行切割，制作出房子的墙体和窗户造型。

步骤 4：用胶水固定墙体。

步骤 5：用胶水、纸箱和纸条粘贴屋顶造型。

步骤 6：将屋顶放置在墙体上方，屋子表面可用太空泥进行装饰，检查造型结构，完成作品。

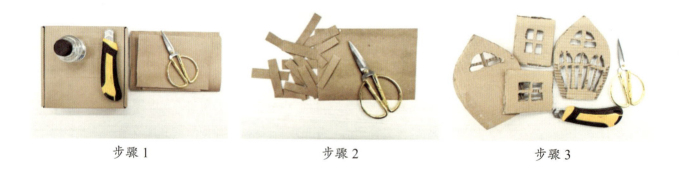

① 本组图片由聊城幼儿师范学校学生提供。

步骤4　　　　　　　　　步骤5　　　　　　　　　步骤6

图 2-4-28　小房子制作步骤

（三）包装法——手提袋（图 2-4-29）[1]

步骤1：准备材料（纸盒、彩纸、剪刀、美工刀、胶水）。

步骤2：将彩纸拧成绳状作为带子。

步骤3：用剪刀将纸盒剪出手提袋造型所需的长方形。

步骤4：用胶水将彩纸依次粘贴在长方形的表面，装饰手提袋。

步骤5：用胶水将手提袋按照造型顺序依次固定，完成作品。

步骤1　　　　　　　　　步骤2　　　　　　　　　步骤3

步骤4　　　　　　　　　步骤5

图 2-4-29　手提袋制作步骤

———————————

① 本组图片由聊城幼儿师范学校学生提供。

（四）添加法——笔筒（图 2-4-30）[1]

步骤 1：准备材料（彩布、彩纸、矿泉水瓶、胶水、剪刀）。

步骤 2：用剪刀将彩布和彩纸剪出所需形状。

步骤 3：用剪刀将矿泉水瓶从中间剪开，作为笔筒的内部结构。

步骤 4：用胶水将彩纸粘贴到瓶身表面。

步骤 5：用胶水将彩布造型粘贴到彩纸上，装饰笔筒，完成作品。

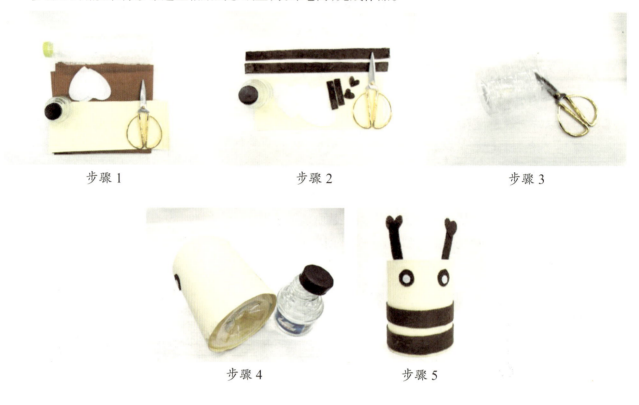

步骤 1　　　　　　　　步骤 2　　　　　　　　步骤 3

步骤 4　　　　　　　　步骤 5

图 2-4-30　笔筒制作步骤

六、课后练习

1. 熟知其他废旧物品造型的制作方法。

2. 任选一种制作方法，利用废旧物品制作一件手工作品。

3. 利用生活中所搜集的废旧物品，按照其特点发挥想象，运用粘贴、包装、组合等方法制作兼具艺术性与实用性的作品。

第五节　环保手工、废旧物品造型在幼儿园的应用

教学目标：认识环保手工、废旧物品造型在幼儿园的应用，了解幼儿园中的环保手工、废旧物品造型作品，通过欣赏环保手工、废旧物品造型作品，激发学习欲望。培养动手能力，勤于动手，掌握基本的环保手工、废旧物品造型制作方法。提高学习环保手工、废旧物品造型的兴趣，感受到学习和生活的快乐，认真观察生活，提高创新意识。

---

[1] 本组图片由聊城幼儿师范学校学生提供。

教学重点：将环保手工、废旧物造型与幼儿园教育活动、学前教育环境创设、幼儿生活紧密结合，学以致用，正确认识、引发幼儿学习手工的兴趣，使幼儿初步掌握环保手工、废旧物品造型的方法，装饰和展示幼儿手工教学活动成果，促进幼儿的学习与发展。

教学难点：巧妙地在幼儿园利用环保手工、废旧物品造型。根据主题的内容，考虑选用合适的材料更好地展现场景。

一、应用分类

（一）环保手工、废旧物品造型在幼儿园各领域主题教育活动中的应用

在各领域的教育活动中，不可或缺地要利用幼儿教师或幼儿手工制作的玩教具等手工作品，作为直观体验、情趣化教学的重要组成部分，成为幼儿在形象与逻辑思维、语言表述、动作表现、人际交往、科学探索、艺术创新等方面学习和发展的载体。恰当而合理地引导和示范是激发幼儿环保手工、废旧物造型制作兴趣，培养幼儿创新能力和创造表现的重要手段。如利用废旧物品造型制作的主题教育活动"我的航天梦"（图 2-5-1 — 2-5-6）；用纸板进行剪切造型后再用颜料绘画的主题教育活动"过年啦"（图 2-5-7、图 2-5-8）。

图 2-5-1　浩瀚太空——泡沫球与颜料

图 2-5-2　太空人——纸板与颜料

图 2-5-3　飞行器——易拉罐与洗涤剂桶　图 2-5-4　浩瀚太空——泡沫球与颜料

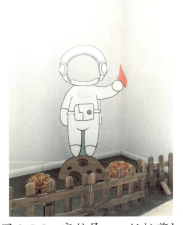

图 2-5-5　宇航员——纸板剪切　图 2-5-6　航天飞船——易拉罐

图 2-5-7 "过年啦"（纸板剪切）　　　　图 2-5-8 "新年好"（纸板剪切）

（二）手工玩教具制作

幼儿园为幼儿提供的玩具有时候难以满足所有幼儿玩耍及幼儿园教学活动的需要。幼儿和教师一起动手，自选材料，运用手工技巧制作的各类游戏、活动玩具和教具、用具作品，常被应用于幼儿园教育教学。幼儿玩具主要利用生活中回收的废旧材料、美工纸、瓦楞纸及各种操作工具，经过构思加工而成；幼儿教育活动教具是采用生活中回收的废旧包装盒、瓦楞纸、毛线、彩色颜料及各种操作工具，通过特定主题的构思创作加工而成。如图 2-5-9 和图 2-5-10 所示，在用废旧纸箱、卡纸等材料制作的"客厅"与"储藏室"中，教师不仅可以提升幼儿动手能力和空间想象力，而且可以指导幼儿一起收纳整理，养成良好的卫生习惯。如图 2-5-11 — 2-5-14 所示，既是玩具又是教具。

图 2-5-9 "客厅"（用奶箱制作）　　　　图 2-5-10 "储藏间"（用纸箱制作）

图 2-5-11 篮球框　　　　图 2-5-12 长颈鹿

图 2-5-13　舞龙　　　　　　　图 2-5-14　秋天杂货铺

（三）幼儿园教育环境创设

幼儿园环境布置不仅仅是布置一个美好的环境，更重要的是，通过环境的布置过程让幼儿充分参与进来，制作时考虑材料的安全性和环保性。幼儿园教育环境创设分为：幼儿园公共环境装饰、幼儿园活动室区域环境应用、幼儿园墙饰。

1. 幼儿园公共环境装饰（图 2-5-15 —2-5-20）

幼儿园公共环境装饰主要包括幼儿园户外及建筑内部的门厅、走廊、楼梯间等公共开放空间。对幼儿园的公共环境进行合理、巧妙的设计与装饰可以使幼儿在与环境的互动中获得各方面的发展，对置身其中的幼儿产生潜移默化的影响。根据已确立的创作主题，邀请幼儿一起参与进来，选择合适的材料进行加工与制作，充分考虑环保及废旧物品的利用，可以在幼儿心中种下环保的种子。

图 2-5-15　成长的足迹　　　　　图 2-5-16　元旦快乐

图 2-5-17　国学文化　　　　　　图 2-5-18　热气球

图 2-5-19　我和我的祖国　　　　图 2-5-20　庆祝中国共产党成立100周年

2. 幼儿园活动室区域环境应用

　　幼儿园活动室是幼儿每天生活、游戏的天地，是幼儿成长与发展的重要场所。可以利用环保手工、废旧物品造型，幼儿自己的绘画作品、剪纸、泥塑等装饰这些场所，让幼儿自我欣赏，并鼓励幼儿互相学习。例如，自然角环境创设可以再利用日常生活中的废旧物品，利用清洁剂的瓶子制作花盆（图 2-5-21）；美工区环境创设可以充分利用幼儿作品（图 2-5-22—2-5-26）；利用幼儿的涂鸦作品粘贴成一棵盛开的树（图 2-5-22），利用幼儿涂鸦的风筝对幼儿园活动区域进行装饰（图 2-5-19）。

图 2-5-21　我是小园丁　　　　　图 2-5-22　盛开的树

图 2-5-23　艺术创想区　　　　　图 2-5-24　你好呀，春天

图 2-5-25　风筝设计　　　　　　　　图 2-5-26　美味樱桃

3. 幼儿园墙饰（图 2-5-27—2-5-32）

幼儿园墙饰具有很强的教育意义，可以综合利用各种纸张、废旧包装盒、饮料瓶、木棍、线团、光盘、树枝、五谷颗粒、彩泥等常见材料进行平面或立体造型，通过装饰墙面，提高幼儿审美意识、创新能力、对美的感知能力。

图 2-5-27　树枝大变身　　　　　　　图 2-5-28　线绳缠绕、纸盘

图 2-5-29　旧物改造（毛线综合）　　　图 2-5-30　今天什么天气（纸板）

图 2-5-31　四君子　　　　　　　　图 2-5-32　旗袍

二、应用意义

　　利用环保手工、废旧物品造型制作能引导幼儿进行创新实践，改造出具有幼儿个性特点的玩具或教具，不仅可以锻炼幼儿的手、脑、眼等协调能力，拓展幼儿的空间创造力，而且可以帮助幼儿从小养成环保意识和勤俭节约的良好习惯，也可以潜移默化也影响家长的教育思维，拓宽教育渠道，使幼儿教育更加科学化。

第三章　自然材料造型

　　自然材料,是指自然界中存在的各种天然的未经加工的物质材料,如各种新鲜的水果、蔬菜,漂亮的树叶、花朵,还有奇形怪状的石头,以及五颜六色的谷物粮食等。在加工制作自然物的过程中,我们要抓住每一种自然物所具有的原始特点,因材施艺,根据材料自身的特点进行加工、组合,在这个过程中充分利用和保留自然物特有的自然形态和色彩,展现其天然品质(图 3-1 — 3-14)。

图 3-1　树叶花卉粘贴画

图 3-2　树叶花卉粘贴画

图 3-3　树枝粘贴画

图 3-4　红豆粘贴画

图 3-5　竹签造型

图 3-6　松仁壳造型

图 3-7　自然物综合造型

图 3-8　葫芦画

图 3-9　葫芦画

图 3-10　葫芦画

图 3-11　蛋壳造型

图 3-12　蛋壳画

图 3-13　石头画

图 3-14　石头画

第一节 树叶、花卉贴画

教学目标：了解各种树叶、花卉的特点。掌握运用各种形状、颜色的树叶和花卉，根据设计的图稿完成粘贴画的方法。培养创新思维，发展想象力和创造力，提高动手能力，激发对大自然的热爱。

教学重点：学习利用不同的树叶和花卉制作粘贴画的步骤。

教学难点：在制作过程中认识各种树叶、树枝、花卉材料的属性，掌握其颜色、形状搭配。

树叶、花卉品种繁多，形态各异，它们是大自然中最为常见的自然物，随着时间、气候的变化，它们形状、颜色也会随之产生变化。我们正是运用其特性制作各式各样的粘贴画，让我们走进树叶、花卉粘贴画的多彩世界（图 3-1-1 —3-1-7）。

图 3-1-1

图 3-1-2

图 3-1-3

图 3-1-4

图 3-1-5

图 3-1-6

图 3-1-7

一、工具材料（图 3-1-8）

1. 不同种类的花草和树木的枝、叶、花卉。

2. 白胶，黏性较强，粘接相对牢固。

3. 其他工具：卡板、刀子、剪子、镊子、铅笔、彩笔等。

图 3-1-8

二、制作步骤（图 3-1-9、图 3-1-10）

1. 构思选材。设计图稿，确定题材，如人物、动物、风景，根据初步构思考虑树叶和花卉的颜色、形状、大小，从而确定最佳搭配。

2. 研究材料。在具体的粘贴过程中，要认真观察和研究材料的特点，充分利用其颜色、形状、大小进行造型；要展开想象，找出材料与设计造型在外形上的相似之处进行创作。

3. 粘贴成型。注意细节处理，如动物的眼睛、嘴巴等。

4. 整理完成。充实，完善，装饰修正。

图 3-1-9   图 3-1-10

作业：

展开想象，运用不同的树叶、树枝、花朵创作一幅粘贴画作品。

第二节 谷物贴画

教学目标： 了解各种谷物粮食的特点。掌握运用各种谷物，根据设计的图稿完成粘贴画的方法。培养创新思维，发展想象力和创造力，提高动手能力，激发对大自然的热爱。

教学重点： 学习运用不同的谷物制作粘贴画的步骤。

教学难点： 在制作过程中了解各种谷物材料的属性，掌握其颜色、形状搭配。

谷物也被称为五谷杂粮，谷物贴画是根据五谷杂粮所具有的材质、颜色、肌理等特点，通过构思设计，按主题和构图的要求，先用笔绘制出具体形象，再把需要的五谷杂粮拼贴到画面上，追求色彩、肌理，可以采用夸张、变形的艺术手法，色彩尽量与整体环境和谐统一。题材主要有花卉、动物、人物、风景等，具有绘画性、装饰性、灵活性的艺术表现特点，还可以具有三维立体的效果，呈现纯朴、自然、颜色丰富、别具一格的艺术魅力（图 3-2-1 — 3-2-3 ）。

图 3-2-1

图 3-2-2

图 3-2-3

一、材料与工具（图 3-2-4 ）

五谷杂粮、硬纸板、胶水、笔、镊子等。

图 3-2-4

二、制作步骤

以谷物粘贴画《小狗》为例(图 3-2-5 —3-2-10)：

1. 设计图稿。确定主题内容,用铅笔绘制草图,确定材料,根据画面内容选择颜色,划分区块。

2. 把胶水涂抹到需要粘贴的地方。

3. 用手或者小镊子把黄色小米均匀铺到胶水上。

4. 用黑色的米粘贴小狗的边缘线等结构线,将红薏米粘贴到脖颈处。

5. 整理作品,完成。

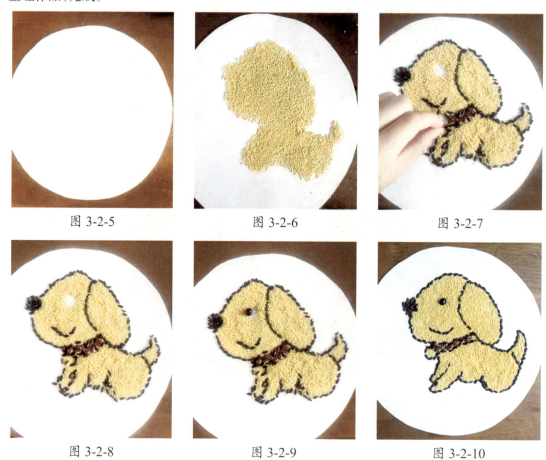

图 3-2-5   图 3-2-6   图 3-2-7

图 3-2-8   图 3-2-9   图 3-2-10

作业：

展开想象,运用不同的谷物创作一幅粘贴画作品。

第三节　壳 类 造 型

教学目标：了解蛋壳、坚果壳、贝壳等壳类的特点。掌握根据不同壳的特点完成造型作品的方法。培养创造思维，发展想象力和创造力，提高动手能力，激发对大自然的热爱。

教学重点：运用不同的壳类材料创作作品的步骤。

教学难点：在制作过程中认识各种壳类材料的属性。

壳类种类繁多，比较常见的有蛋壳、坚果壳、贝壳等。它们一般质地比较坚硬，色彩丰富，有天然的纹理，形状千姿百态，适合做各种各样的工艺品（图3-3-1—3-3-5）。本节以蛋壳画为例，介绍工具材料和作画步骤。

图 3-3-1　　　　　　　　　　图 3-3-2　　　　　　　　　　图 3-3-3

图 3-3-4　　　　　　　　　　　图 3-3-5

一、工具材料（图 3-3-6 ）

1. 各种颜色的鸡蛋壳。

2. 白胶，黏性较强，粘接相对牢固。

3. 其他工具：镊子、铅笔、彩笔、卡板等。

图 3-3-6

二、制作步骤(图3-3-7—3-3-13)

1.构图设计。设计图稿,确定题材,如人物、动物、风景,根据初步构思考虑蛋壳颜色的搭配和设计稿的整体艺术效果。

2.确定画稿,进行粘贴。确定画稿后,可以按先局部再整体、由近及远的顺序进行粘贴。(注意:蛋壳的大小以及边缘线的处理,蛋壳颜色的交替使用,使画面更有层次,达到更好的装饰效果。)

3.整理完成。充实,完善,装饰修正。有时为了使画面达到更好的装饰效果,可以给蛋壳施色,或者加装饰线,丰富画面。

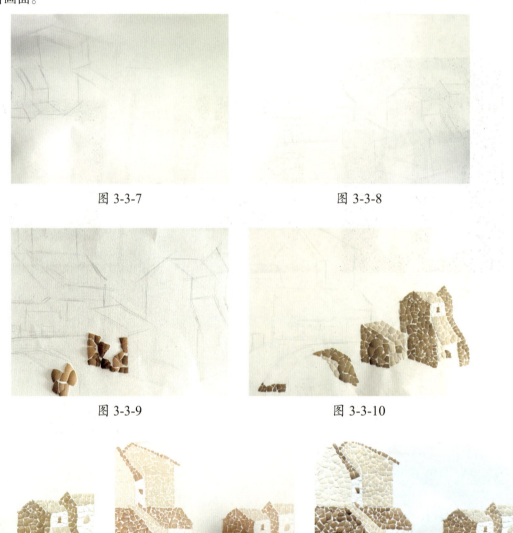

图 3-3-7　　　　　　　　　　　　图 3-3-8

图 3-3-9　　　　　　　　　　　　图 3-3-10

图 3-3-11　　　　　　图 3-3-12　　　　　　图 3-3-13

作业:

1.根据蛋壳画的制作方法创作一幅蛋壳画。

2.选用除蛋壳以外的其他任何一种壳类材料,自行创作一件作品。

第四节 石 头 画

教学目标：了解石头及颜料的特点。运用各种形状、颜色的石头，根据设计构思完成作品创作。培养创新思维，发展想象力和创造力，提高动手能力，激发对大自然的热爱。

教学重点：学习运用不同形状、颜色的石头，按步骤完成石头画作品。

教学难点：在制作过程中认识各种石头的质感属性，掌握其颜色、形状搭配。

石头画是创作者利用石材本身所具有的形状、质地、纹理进行艺术构思，凭借绘画技法进行创作。结合画和石头本身的特质，保留、升华石头的自然之美。通过精巧的设计和绘画，赋予石头新的生命力，让普通的玩石"鲜活起来"（图3-4-1 — 3-4-4）。

图 3-4-1

图 3-4-2

图 3-4-3

图 3-4-4

一、材料与工具（图3-4-5）

石头、水粉颜料、调色盘、水粉笔、铅笔、勾线笔。

图 3-4-5

二、制作方法与步骤(图 3-4-6—3-4-18)

1. 搜集相关资料,根据要设计的图案,选择形状、大小合适的石头,清洗干净,晾干备用。

2. 用铅笔描绘出设计图案的初稿,并逐步修正完善。

3. 调制颜料,上色,先浅后深,逐步过渡,静等颜料晾干。

4. 对整件作品进行适当装饰,提升作品价值,合理保存。

图 3-4-6   图 3-4-7   图 3-4-8

图 3-4-9   图 3-4-10   图 3-4-11

图 3-4-12   图 3-4-13   图 3-4-14

图 3-4-15   图 3-4-16   图 3-4-17   图 3-4-18

作业:

根据石头画的制作方法创作一组石头画。

后　记

　　0—3岁是人生发展的奠基阶段,婴幼儿养护与教育是家长、全社会和国家当前关注的重要问题。随着我国教育事业的普及,0—3岁孩子的家长文化知识水平也不断提高,对于婴幼儿早期照护与教育事业的发展,更是十分重视。中国学前教育研究会教师发展专业委员会在推进学前教师教育质量提升的理论与实践研究的基础上,关注到我国0—3岁婴幼儿的早期教育遇到的实际问题,针对有些高等院校已经开设早期教育(0—3岁)专业,由于理论与实践不足,在课程与教材建设方面遇到困难的实际问题,决定给予帮助并作出自己的努力与贡献。

　　教师发展专委会与上海科技教育出版社从2015年开始合作,制定了高等院校早期教育(0—3岁)专业教学方案。在教学方案指导下组织专家和教师编写,并先后出版发行了《婴幼儿保健》《婴幼儿营养与喂养》《婴幼儿心理发展理论》《婴幼儿认知发展与教育》《婴幼儿语言发展与教育》《婴幼儿社会性发展与教育》《婴幼儿行为观察与分析》《婴幼儿家庭教育》《早期教育教师与家长沟通的理论与实践》《特殊婴幼儿的心理发展与保教》《婴幼儿研究方法》共11本核心课程教材,还有几本正在出版过程中。

　　2019年,针对全国开设早期教育(0—3岁)专业的高等院校已经有百余所的实际情况,教师发展专委会与上海教育出版社合作,启动了第二批早期教育(0—3岁)专业实践与艺术类教材的编写工作。此系列教材大多是实际操作类型,我们与上海人口发展协会合作组织编者队伍,共同进行教材编写工作。为了更好地为早期教育(0—3岁)专业建设服务,更好地为婴幼儿照护机构与托育人员服务,更好地为婴幼儿家长服务,我们发动了高专、高职等80余所院校和婴幼儿照护机构,以及营养、卫生、健康、艺术等领域200余名骨干教师、医疗专家参与教材编写工作,充分体现了医教结合、全国统筹、通力合作,共同构建的基本思路。为了确保教材的科学性、针对性、实用性、前瞻性,我们在全国聘请专家对每本教材从编写初期就开始指导,并实施审核。为了使早期教育(0—3岁)专业的学生有较高的素质与专业知识和综合能力,我们设置了基础性艺术类课程的教材。考虑到3—6岁幼儿园教育的衔接与连续性,部分教材设置了"0—6岁托幼一体化"的内容。

　　通过各方面的共同努力,教材进入了陆续出版发行阶段。由于我国早期教育(0—3岁)专业建设时间尚短,理论建设与实践经验都不足,教材建设遇到了不少困难,特别是新冠肺炎疫情的挑战,但是在各本教材主编的领导下,在指导专家的帮助下,在编者们的努力下,我们完成了预定目标。在此,向主编、专家、编者表示诚挚的感谢!对教材编写工作给予各种支持的医疗卫生、健康管理、营养保健、婴幼儿托育机构、幼儿园等的专家、教师、托育人员表示真诚的谢意!对编者所在院校和部门、机构的大力支持和帮助表示由衷的感谢!对上海人口协会与上海教育出版社的合作表示感谢!本系列教材引用了国内外同行的一些研究成果,在此一并表示感谢!由于系列教材编者来自全国各地,经验与水平不同,时间较紧,教材难免有缺点与不妥之处,敬请批评指正。我们会不断改进与完善。

中国学前教育研究会教师发展专业委员会

郭亦勤

2021年5月于天津师范大学学前教育学院

图书在版编目（CIP）数据

手工创意. 二 / 王海东，徐健主编. — 上海 ：上海教育出版社，2022.12
ISBN 978-7-5720-1813-8

Ⅰ．①手… Ⅱ．①王… ②徐… Ⅲ．①手工课－学前教育－教学参考资料 Ⅳ．①G613.6

中国版本图书馆CIP数据核字 (2022) 第236493号

特约编辑　孟令怡　单一丹
责任编辑　陈　群
封面设计　赖玟伊

手工创意（二）

王海东　徐　健　主编

出版发行　上海教育出版社有限公司
官　　网　www.seph.com.cn
地　　址　上海市闵行区号景路159弄C座
邮　　编　201101
印　　刷　江阴金马印刷有限公司
开　　本　890×1240　1/16　印张 4.75
版　　次　2022年12月第1版
印　　次　2022年12月第1次印刷
书　　号　ISBN 978-7-5720-1813-8/G · 1655
定　　价　28.00元